škola - école	2
cesta - voyage	5
doprava - transport	8
mesto - ville	10
terén - paysage	14
reštaurácia - restaurant	17
supermarket - supermarché	20
nápoje - boissons	22
jedlo - alimentation	23
farma - ferme	27
dom - maison	31
obývačka - salon	33
kuchyňa - cuisine	35
kúpeľňa - salle de bain	38
detská izba - chambre d'enfant	42
šatstvo - vêtements	44
kancelária - bureau	49
hospodárstvo - économie	51
povolania - professions	53
náradie - outils	56
hudobné nástroje - instruments de musique	57
ZOO - zoo	59
šport - sports	62
aktivity - activités	63
rodina - famille	67
telo - corps	68
nemocnica - hôpital	72
urgentný prípad - urgence	76
Zem - terre	77
hodiny - ...heure(s)	79
týždeň - semaine	80
rok - année	81
tvary - formes	83
farby - couleurs	84
protiklady - oppositions	85
čísla - nombres	88
jazyky - langues	90
kto/čo/ako - qui / quoi / comment	91
kde - où	92

Impressum
Verlag: BABADADA GmbH, Nedderfeld 112 , 22529 Hamburg
Geschäftsführer / Verlagsleitung: Harald Hof
Druck: Books on Demand GmbH, In de Tarpen 42, 22848 Norderstedt

Imprint
Publisher: BABADADA GmbH, Nedderfeld 112 , 22529 Hamburg, Germany
Managing Director / Publishing direction: Harald Hof
Print: Books on Demand GmbH, In de Tarpen 42, 22848 Norderstedt

škola

école

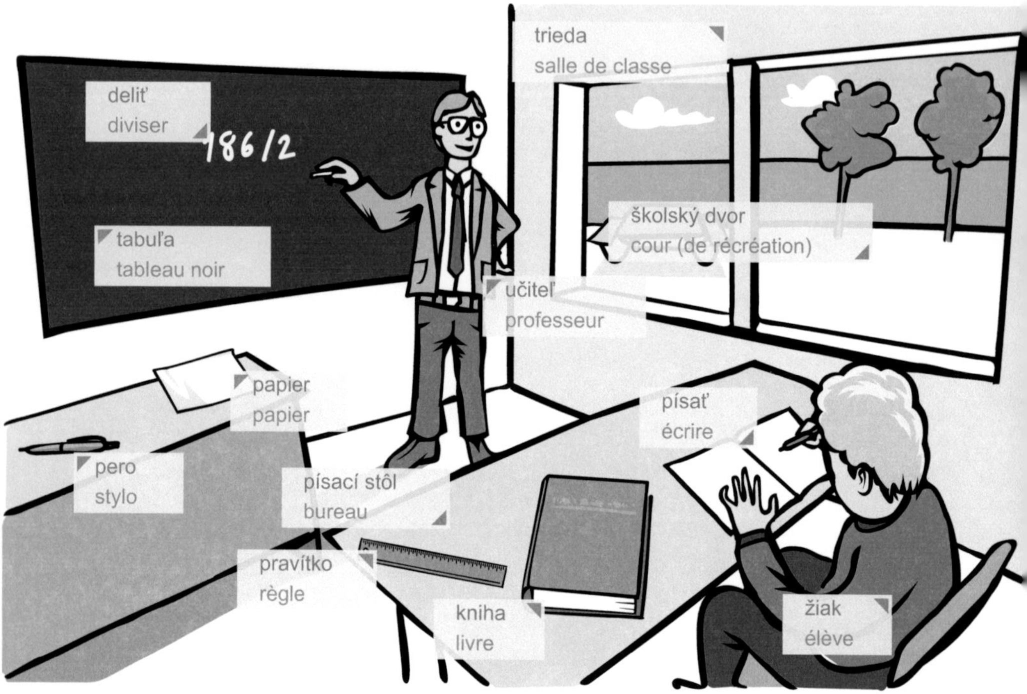
trieda
salle de classe
deliť
diviser
186/2
tabuľa
tableau noir
školský dvor
cour (de récréation)
učiteľ
professeur
papier
papier
písať
écrire
pero
stylo
písací stôl
bureau
pravítko
règle
kniha
livre
žiak
élève

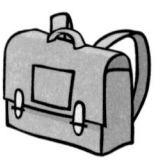

školská taška

cartable

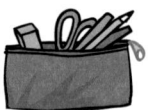

peračník

trousse

ceruza

crayon

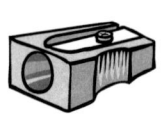

strúhadlo na ceruzky

taille-crayon

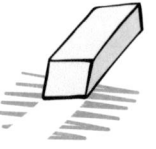

guma

gomme

skicár

carnet à dessin

kresba

dessin

štetec

pinceau

vodové farby

boîte de peinture

nožnice

ciseaux

lepidlo

colle

cvičný zošit

cahier d'exercices

domáca úloha

devoirs

číslo

chiffre

sčítať

additionner

odčítať

soustraire

násobiť

multiplier

počítať

calculer

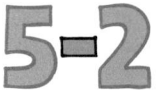

písmeno

lettre

abeceda

alphabet

slovo

mot

text

texte

čítať

lire

krieda

craie

hodina

leçon

triedna kniha

livre de classe

skúška

examen

certifikát

certificat

školská uniforma

uniforme scolaire

vzdelanie

formation

encyklopédia

lexique

univerzita

université

mikroskop

microscope

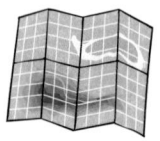

mapa

carte

kôš na papier

corbeille à papier

hotel
hôtel

nocľaháreň
auberge

ROOMS

zmenáreň
bureau de change

EXCHANGE

kufor
valise

auto
voiture

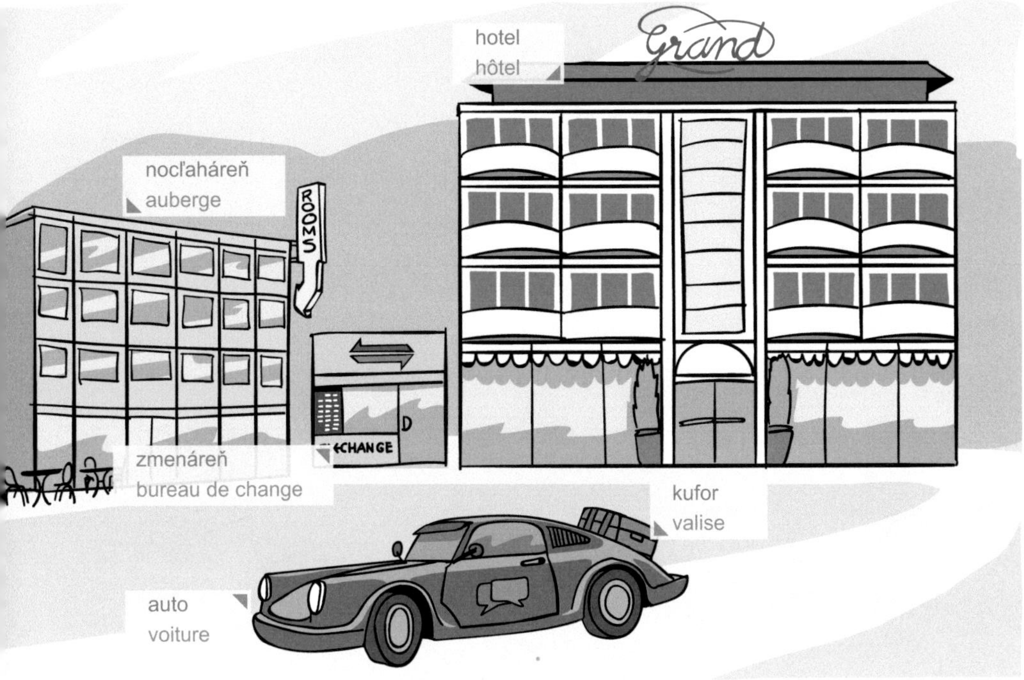

jazyk

langue

áno/nie

oui / non

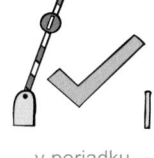

v poriadku

d'accord

ahoj

Salut

prekladateľ

interprète

ďakujem

merci

Koľko stojí ... ?

Combien coûte...?

Nerozumiem

Je ne comprends pas

problém

problème

Dobrý večer!

Bonsoir !

Dobré ráno!

Bonjour !

Dobrú noc!

Bonne nuit !

Dovidenia

Au revoir

smer

direction

batožina

bagages

taška

sac

batoh

sac-à-dos

hosť

hôte

izba

pièce

spacák

sac de couchage

stan

tente

informácie pre turistov

office de tourisme

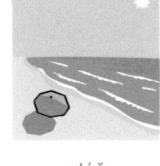

pláž

plage

kreditná karta

carte de crédit

raňajky

petit-déjeuner

obed

déjeuner

večera

dîner

cestovný lístok

billet

výťah

ascenseur

poštová známka

timbre

hranica

frontière

clo

douane

veľvyslanectvo

ambassade

vízum

visa

cestovný pas

passeport

doprava
transport

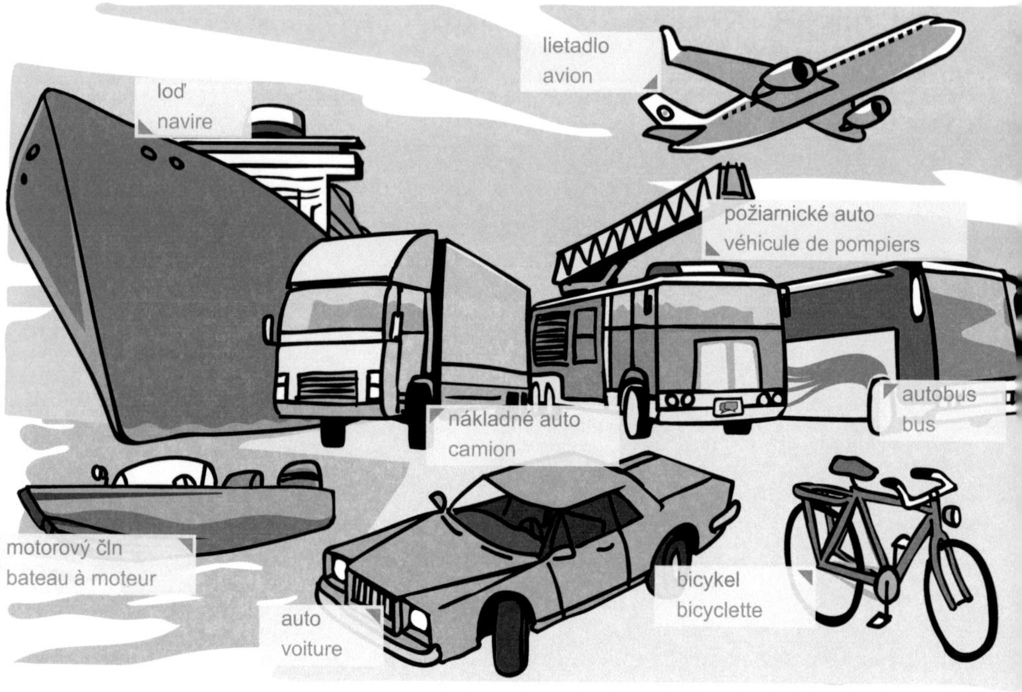
lietadlo
avion
loď
navire
požiarnické auto
véhicule de pompiers
nákladné auto
camion
autobus
bus
motorový čln
bateau à moteur
bicykel
bicyclette
auto
voiture

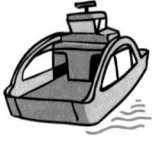

trajekt
ferry

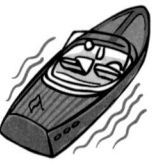

loď
barque

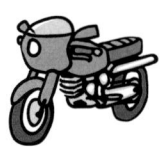

motorka
moto

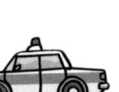

policajné auto
voiture de police

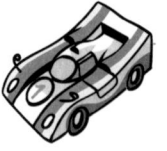

pretekárske auto
voiture de course

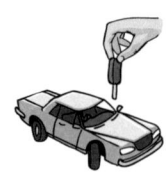

vozidlo z požičovne
voiture de location

carsharing

auto-partage

odťahové auto

voiture de remorquage

smetiarske auto

benne à ordures

motor

moteur

benzín

essence

čerpacia stanica

station d'essence

dopravná značka

panneau indicateur

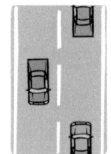

premávka

trafic

zápcha

embouteillage

parkovisko

parking

vlaková stanica

gare

trate

rails

vlak

train

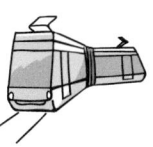

električka

tramway

vagón

wagon

helikoptéra

hélicoptère

letisko

aéroport

veža

tour

pasažier

passager

kontajner

conteneur

kartón

carton

vozík

chariot

kôš

corbeille

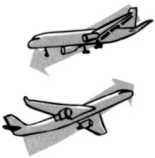

štartovať / pristáť

décoller / atterrir

mesto
ville

dedina

village

centrum mesta

centre-ville

dom

maison

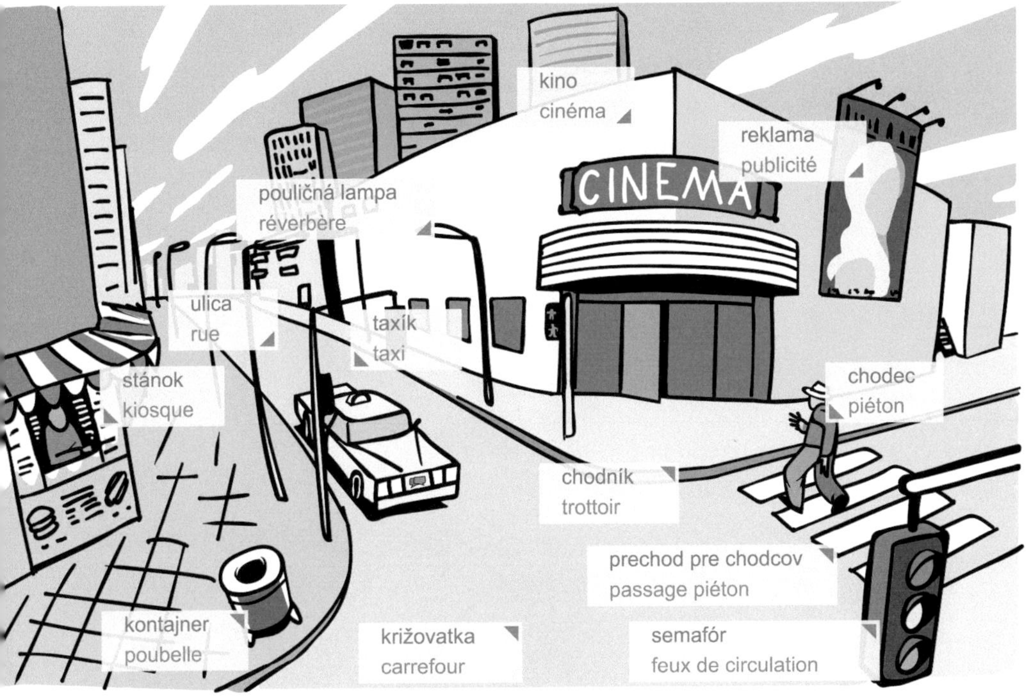

kino
cinéma

reklama
publicité

pouličná lampa
réverbère

ulica
rue

taxík
taxi

stánok
kiosque

chodec
piéton

chodník
trottoir

prechod pre chodcov
passage piéton

kontajner
poubelle

križovatka
carrefour

semafór
feux de circulation

chata

cabane

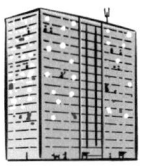

byt

appartement

vlaková stanica

gare

radnica

mairie

múzeum

musée

škola

école

mesto - ville

univerzita

université

banka

banque

nemocnica

hôpital

hotel

hôtel

lekáreň

pharmacie

kancelária

bureau

kníhkupectvo

librairie

obchod

magasin

kvetinárstvo

fleuriste

supermarket

supermarché

trh

marché

obchodný dom

grand magasin

obchodník s rybami

poissonnerie

nákupné stredisko

centre commercial

prístav

port

park

parc

lavička

banque

most

pont

schody

escaliers

metro

métro

tunel

tunnel

autobusová zastávka

arrêt de bus

bar

bar

reštaurácia

restaurant

poštová schránka

boîte à lettres

tabuľa s názvom ulice

panneau indicateur

parkovacie hodiny

parcmètre

ZOO

zoo

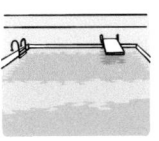

plaváreň

piscine

mešita

mosquée

farma
ferme

znečisťovanie životného prostredia

pollution

cintorín
cimetière

kostol
église

ihrisko
aire de jeux

chrám
temple

terén
paysage

list
feuille

smerová tabuľa
panneau indicateur

cesta
chemin

lúka
pré

kameň
pierre

turista
randonneur

strom
arbre

rieka
rivière

tráva
herbe

kvet
fleur

dolina

vallée

kopec

montagne

jazero

lac

les

forêt

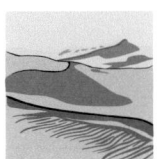

púšť

désert

vulkán

volcan

zámok

château

dúha

arc-en-ciel

hríb

champignon

palma

palmier

komár

moustique

mucha

mouche

mravec

fourmis

včela

abeille

pavúk

araignée

chrobák

coléoptère

žaba

grenouille

veverička

écureuil

jež

hérisson

zajac

lièvre

sova

chouette

vták

oiseau

labuť

cygne

diviak

sanglier

jeleň

cerf

los

élan

hrádza

barrage

veterná turbína

éolienne

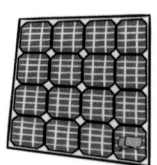

solárny panel

panneau solaire

podnebie

climat

reštaurácia
restaurant

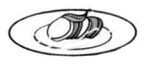

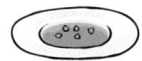

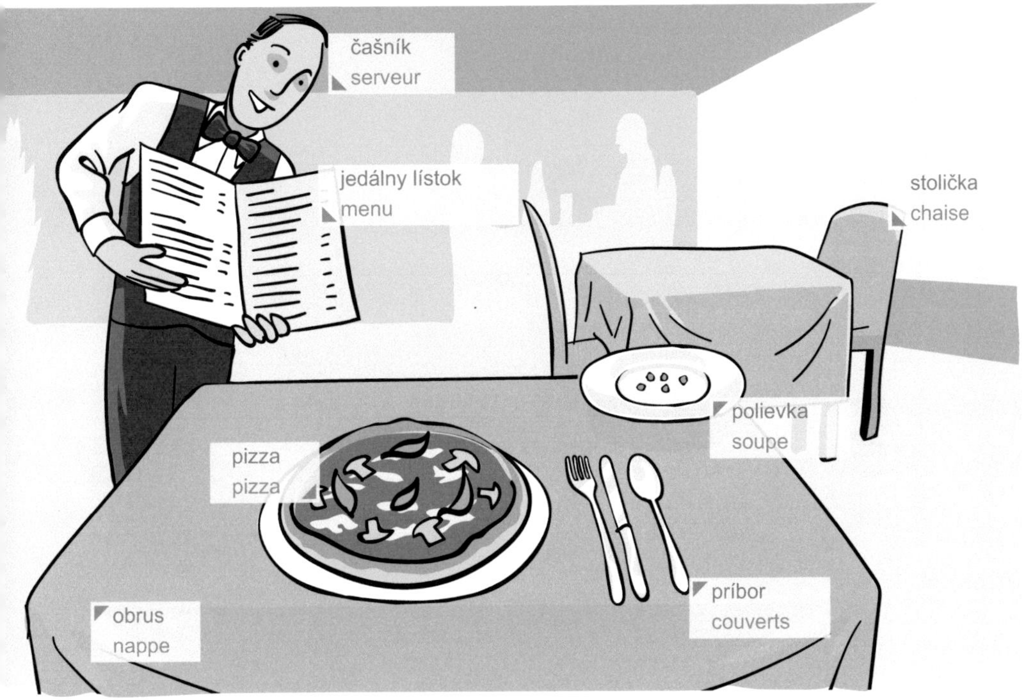
čašník
serveur
jedálny lístok
menu
stolička
chaise
polievka
soupe
pizza
pizza
príbor
couverts
obrus
nappe

predjedlo

hors d'œuvre

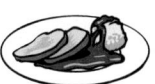

hlavné jedlo

plat principal

zákusok

dessert

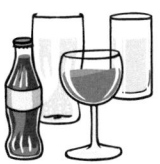

nápoje

boissons

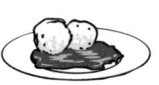

jedlo

alimentation

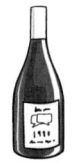

fľaša

bouteille

fast-food

fast-food

street food

plats à emporter

kanvica na čaj

théière

cukornička

sucrier

porcia

portion

stroj na espresso

machine à expresso

detská stolička

chaise haute

účet

facture

podnos

plateau

nôž

couteau

vidlička

fourchette

lyžica

cuillère

čajová lyžička

cuillère à thé

obrúsok

serviette

pohár

verre

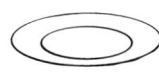

tanier

assiette

hlboký tanier

assiette à soupe

podšálka

soucoupe

omáčka

sauce

soľnička

salière

mlynček na korenie

moulin à poivre

ocot

vinaigre

olej

huile

korenie

épices

kečup

ketchup

horčica

moutarde

majonéza

mayonnaise

supermarket
supermarché

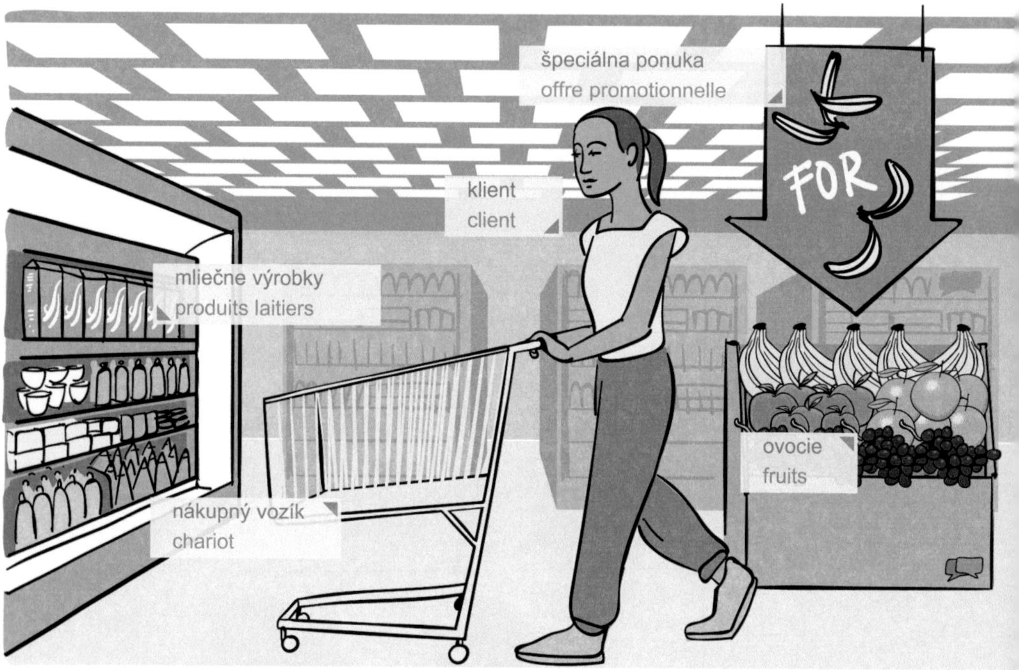

špeciálna ponuka
offre promotionnelle
FOR
klient
client
mliečne výrobky
produits laitiers
ovocie
fruits
nákupný vozík
chariot

BUTCHERS

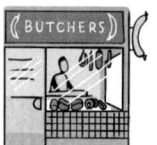

mäsiarstvo

boucherie

BAKERY

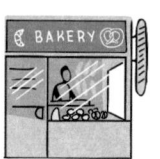

pekáreň

boulangerie

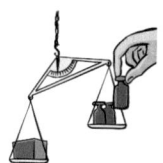

vážiť

peser

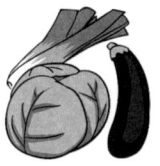

zelenina

légumes

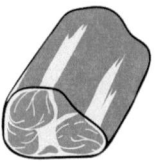

mäso

viande

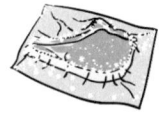

mrazené potraviny

aliments surgelés

nárez

charcuterie

konzervy

conserves

prací prostriedok

poudre à lessive

sladkosti

bonbons

domáce potreby

articles ménagers

čistiace prostriedky

détergents

predavačka

vendeuse

pokladňa

caisse

pokladník

caissier

nákupný zoznam

liste d'achats

otváracie hodiny

heures d'ouverture

peňaženka

portefeuille

kreditná karta

carte de crédit

taška

sac

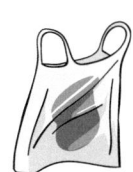

plastové vrecko

sac en plastique

voda

eau

džús

jus de fruit

mlieko

lait

kola

coca

víno

vin

pivo

bière

alkohol

alcool

kakao

chocolat chaud

čaj

thé

káva

café

espresso

expresso

kapučíno

cappuccino

banán

banane

jablko

pomme

pomaranč

orange

melón

melon

citrón

citron

mrkva

carotte

cesnak

ail

bambus

bambou

cibuľa

oignon

hríb

champignon

orechy

noisettes

rezance

pâtes

špagety

spaghetti

ryža

riz

šalát

salade

hranolky

pommes frites

pečené zemiaky

pommes de terre rôties

pizza

pizza

hamburger

hamburger

obložený chlebík

sandwich

rezeň

escalope

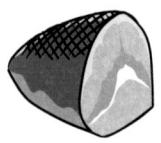

šunka

jambon

saláma

salami

klobása

saucisse

kurča

poulet

pečené mäso

rôti

ryba

poisson

ovsené vločky

flocons d'avoine

müsli

muesli

kukuričné lupienky

cornflakes

múka

farine

croissant

croissant

pečivo

petits-pains

chlieb

pain

hrianka

pain grillé

sušienky

biscuits

maslo

beurre

tvaroh

le fromage blanc

koláč

gâteau

vajce

œuf

volské oko

œuf au plat

syr

fromage

zmrzlina

glace

cukor

sucre

med

miel

lekvár

confiture

nugátová nátierka

crème nougat

karí korenie

curry

farma

ferme

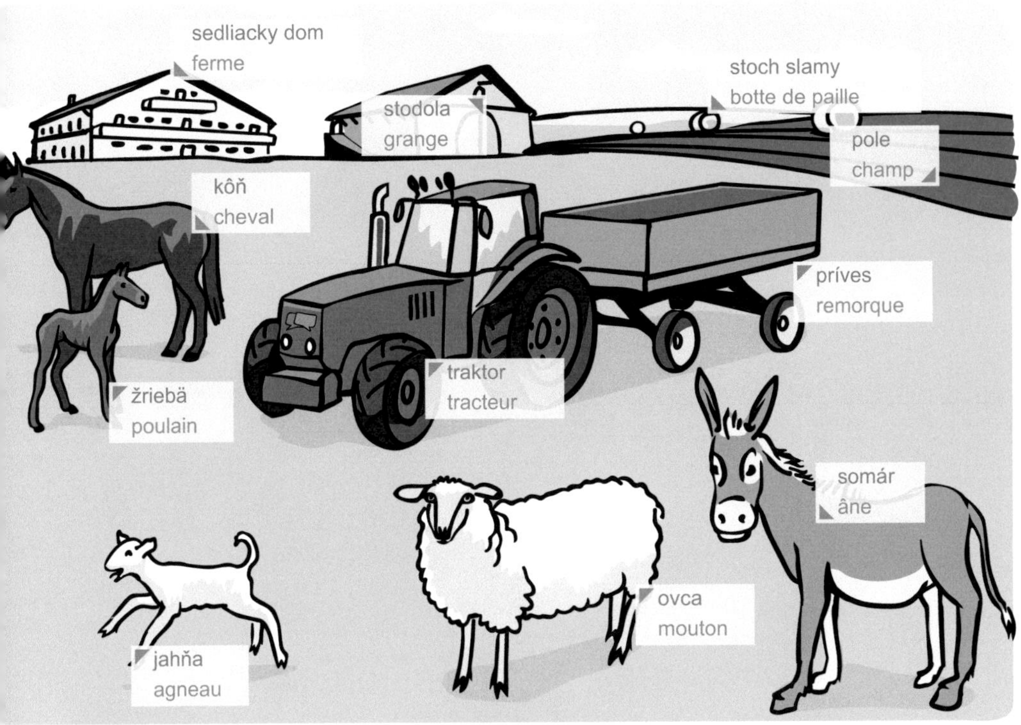

sedliacky dom
ferme
stodola
grange
stoch slamy
botte de paille
pole
champ
kôň
cheval
príves
remorque
traktor
tracteur
žriebä
poulain
somár
âne
ovca
mouton
jahňa
agneau

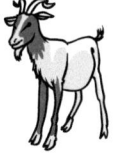

koza

chèvre

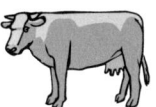

krava

vache

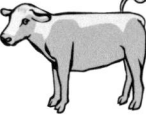

teľa

veau

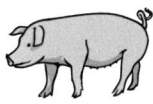

prasa

porc

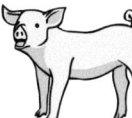

prasiatko

porcelet

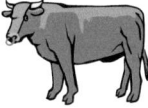

býk

taureau

hus

oie

kačica

canard

kuriatko

poussin

sliepka

poule

kohút

coq

potkan

rat

mačka

chat

myš

souris

vôl

bœuf

pes

chien

psia búda

chenil

záhradná hadica

tuyau de jardin

krhla

arrosoir

kosa

faucheuse

pluh

charrue

kosák

faucille

motyka

pioche

vidly na hnoj

fourche

sekera

hache

fúrik

brouette

koryto

cuve

kanva na mlieko

pot à lait

vrece

sac

plot

clôture

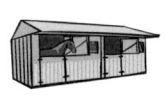

maštaľ

étable

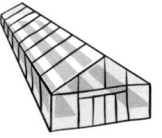

skleník

serre

pôda

sol

osivo

semences

hnojivo

engrais

kombajn

moissonneuse-batteuse

žať

récolter

žatva

récolte

batát

igname

pšenica

blé

sója

soja

zemiak

pomme de terre

kukurica

maïs

repka

colza

ovocný strom

arbre fruitier

maniok

manioc

obilie

céréales

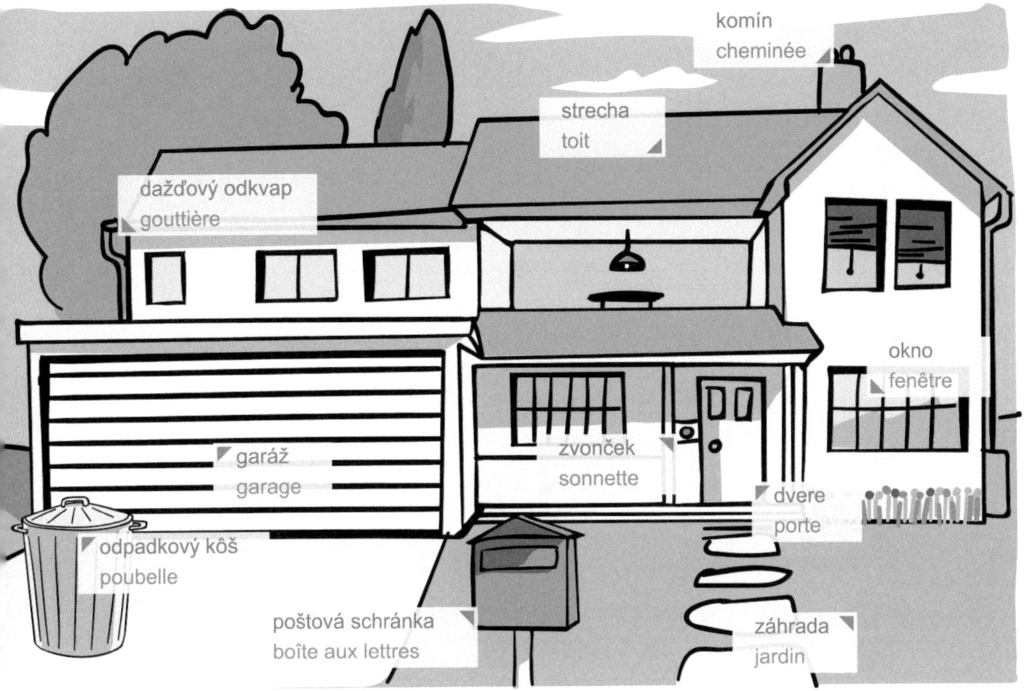

komín
cheminée

strecha
toit

dažďový odkvap
gouttière

okno
fenêtre

garáž
garage

zvonček
sonnette

dvere
porte

odpadkový kôš
poubelle

poštová schránka
boîte aux lettres

záhrada
jardin

obývačka

salon

kúpeľňa

salle de bain

kuchyňa

cuisine

spálňa

chambre à coucher

detská izba

chambre d'enfant

jedáleň

salle à manger

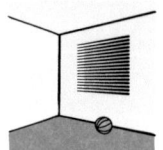

podlaha
sol

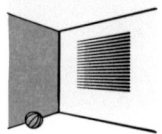

stena
mur

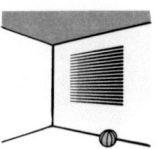

strop
plafond

pivnica
cave

sauna
sauna

balkón
balcon

terasa
terrasse

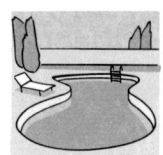

bazén
piscine

kosačka
tondeuse à gazon

obliečka
housse

posteľná prikrývka
couette

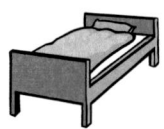

posteľ
lit

metla
balai

vedro
sceau

vypínač
interrupteur

obývačka
salon

tapeta
papier peint
obraz
image
lampa
lampe
regál
étagère
skriňa
armoire
televízor
télé
kozub
cheminée
kvet
fleur
vankúš
coussin
pohovka
sofa
váza
vase
diaľkové ovládanie
télécommande

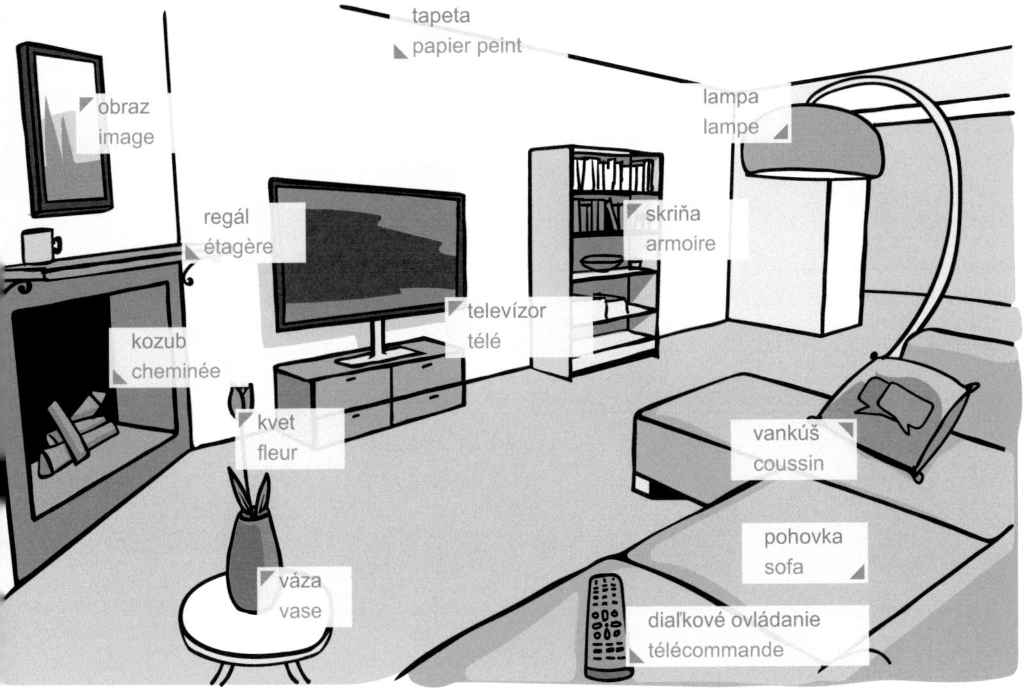

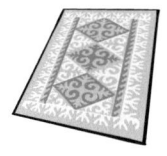

koberec
tapis

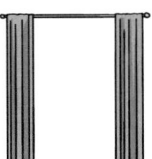

záclona
rideau

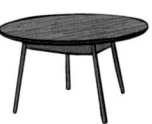

stôl
table

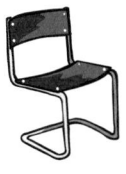

stolička
chaise

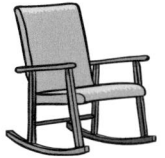

hojdacie kreslo
chaise à bascule

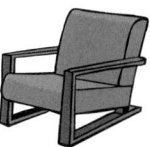

kreslo
fauteuil

kniha

livre

prikrývka

couverture

dekorácia

décoration

drevo na kúrenie

bois de chauffage

film

film

hi-fi veža

chaîne hi-fi

kľúč

clé

noviny

journal

maľba

peinture

plagát

poster

rádio

radio

zápisník

bloc-notes

vysávač

aspirateur

kaktus

cactus

sviečka

bougie

kuchyňa
cuisine

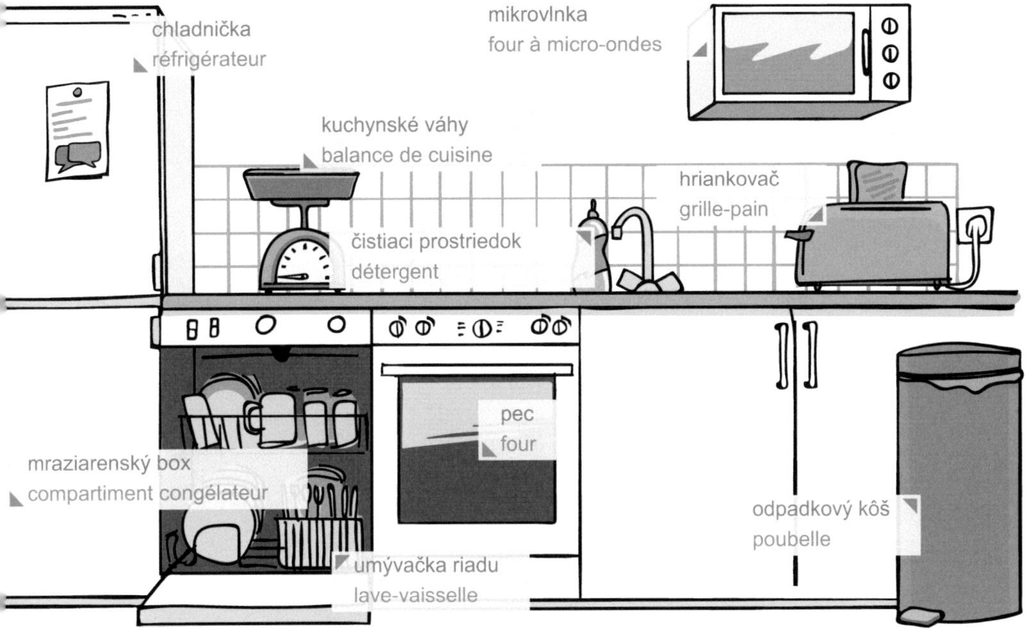

chladnička
réfrigérateur
mikrovlnka
four à micro-ondes
kuchynské váhy
balance de cuisine
hriankovač
grille-pain
čistiaci prostriedok
détergent
pec
four
mraziarenský box
compartiment congélateur
odpadkový kôš
poubelle
umývačka riadu
lave-vaisselle

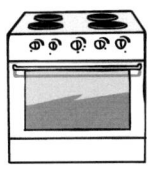

sporák

four

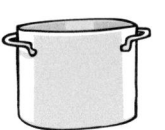

hrniec

casserole

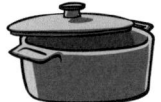

železný hrniec

marmite

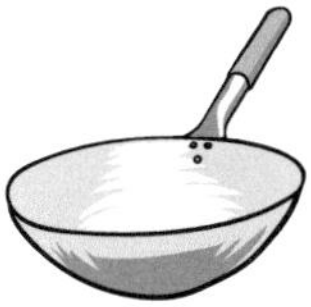

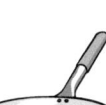

wok / kadai

wok / kadai

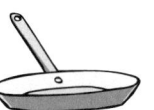

panvica

poêle

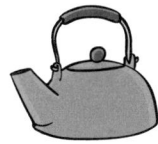

rýchlovarná kanvica

bouilloire electrique

parný hrniec

cuiseur vapeur

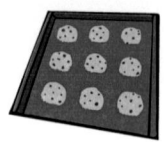

plech na pečenie

plaque de cuisson

riad

vaisselle

pohár

gobelet

misa

coupe

paličky

baguettes

naberačka na polievku

louche

stierka

spatule

metlička

fouet

cedidlo

passoire

sitko

tamis

strúhadlo

râpe

mažiar

mortier

gril

barbecue

ohnisko

cheminée

kuchyňa - cuisine

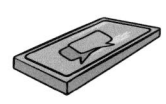

doska na krájanie

planche à découper

valček na cesto

rouleau à pâtisserie

vývrtka

tire-bouchon

konzerva

boîte

otvárač na konzervy

ouvre-boîte

chňapka

maniques

výlevka

lavabo

kefa

brosse

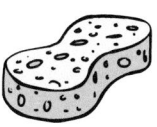

hubka

éponge

mixér

mixeur

mraznička

congélateur

kojenecká fľaša

biberon

vodovodný kohútik

robinet

kúpeľňa
salle de bain

kúrenie
chauffage
sprcha
douche
uterák
serviette
sprchový záves
rideau de douche
pena do kúpeľa
bain moussant
vaňa
baignoire
pohár
verre
práčka
machine à laver
vodovodný kohútik
robinet
dlaždice
carrelage
nočník
poť
výlevka
lavabo

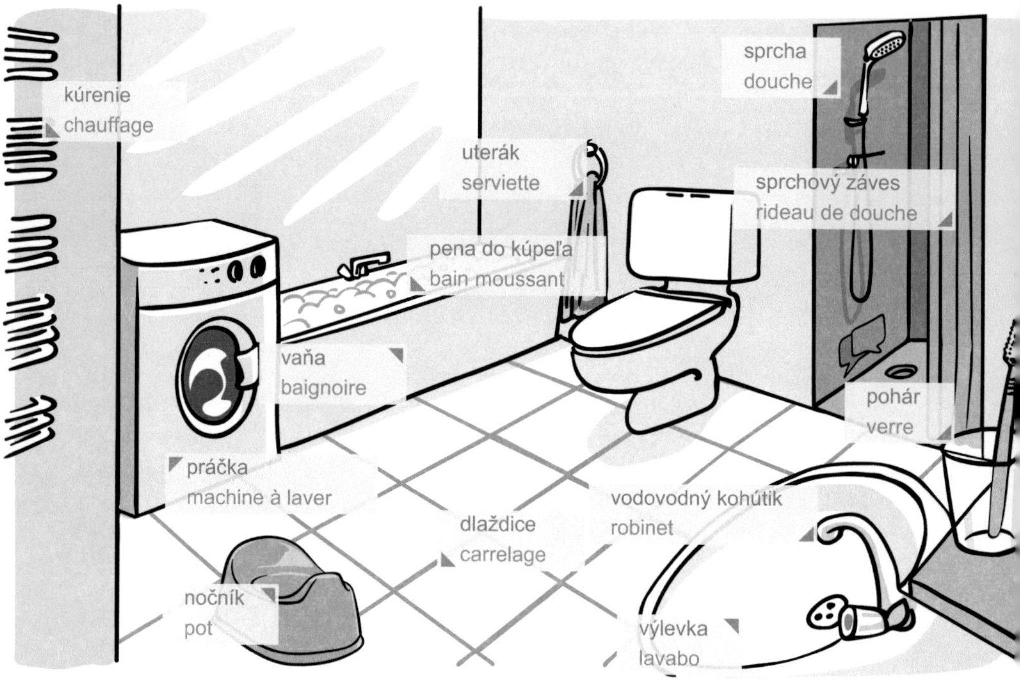

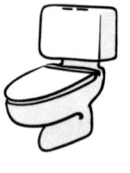

záchod
toilettes

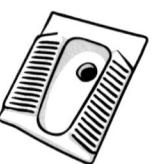

suchý záchod
toilette à la turque

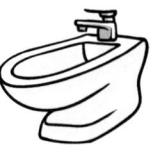

bidet
bidet

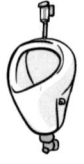

pisoár
urinoir

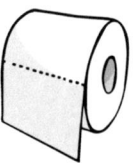

toaletný papier
papier toilette

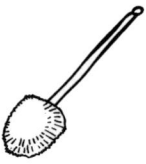

záchodová kefa
brosse à toilette

zubná kefka

brosse à dents

zubná pasta

dentifrice

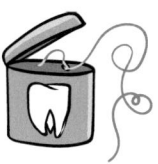

dentálna niť

fil dentaire

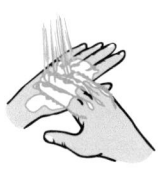

umývať

laver

ručná sprcha

douche manuelle

sprcha pre intímnu hygienu

douche intime

umývadlo

vasque

kefa na chrbát

brosse dorsale

mydlo

savon

sprchový gél

gel douche

šampón

shampooing

frotírová rukavica

gant de toilette

odtok

écoulement

krém

crème

dezodorant

déodorant

zrkadlo

miroir

kozmetické zrkadlo

miroir cosmétique

žiletka

rasoir

pena na holenie

mousse à raser

voda po holení

après-rasage

hrebeň

peigne

kefa

brosse

sušič vlasov

sèche-cheveux

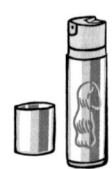

sprej na vlasy

laque pour cheveux

make-up

fond de teint

rúž

rouge à lèvres

lak na nechty

vernis à ongles

vata

ouate

nožnice na nechty

coupe-ongles

parfum

parfum

kozmetická taška

trousse de toilette

stolček

tabouret

váha

pèse-personne

kúpací plášť

peignoir

gumové rukavice

gants de nettoyage

tampón

tampon

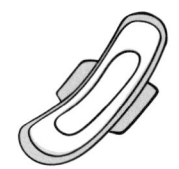

menštruačná vložka

serviettes hygiéniques

chemické WC

toilette chimique

detská izba

chambre d'enfant

budík
réveil
plyšová hračka
doudou
hračkárske auto
voiture jouet
hrkálka
hochet
domček pre bábiky
maison de poupée
dar
cadeau

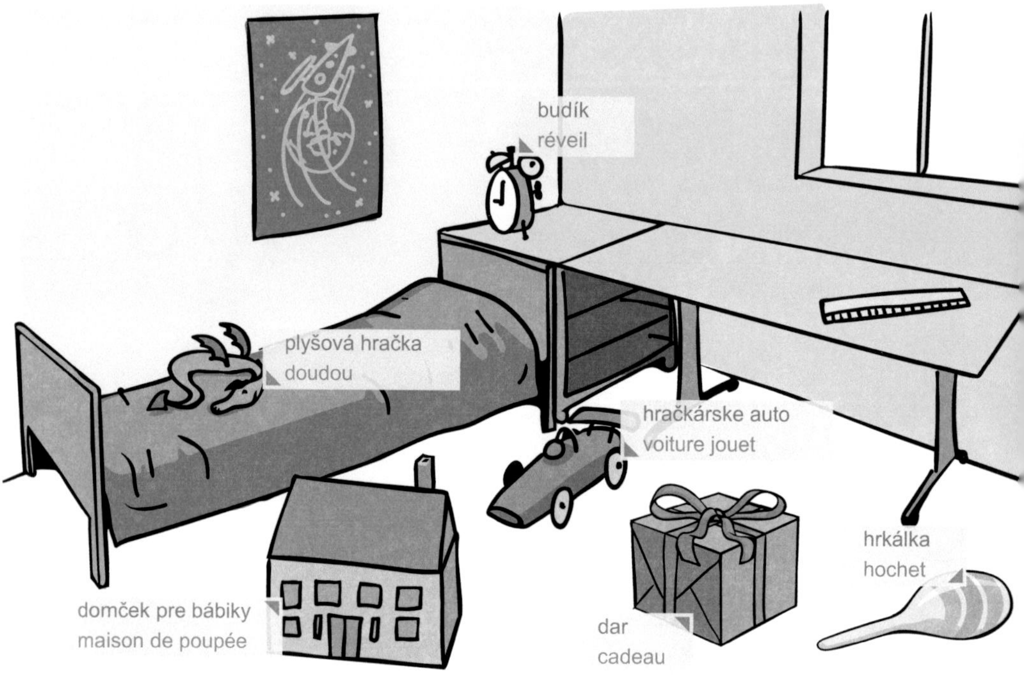

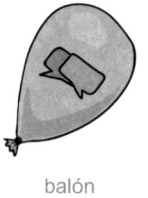

balón

ballon

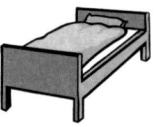

posteľ

lit

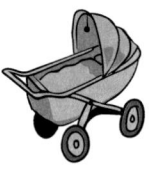

detský kočík

poussette

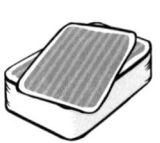

karty

jeu de cartes

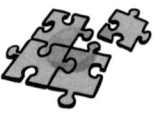

puzzle

puzzle

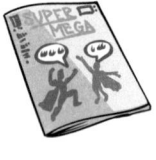

komix

bande dessinée

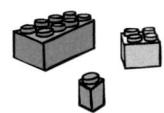

skladačka lego

pièces lego

stavebnica

blocs de construction

akčná postavička

figurine

dupačky

grenouillère

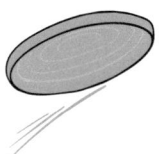

lietajúci tanier

frisbee

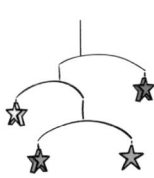

závesné hračky

mobile

stolová hra

jeu de société

kocka

dé

modelový vláčik

train miniature

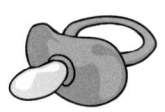

cumlík

sucette

párty

fête

obrázková kniha

livre d'images

lopta

balle

bábika

poupée

hrať sa

jouer

pieskovisko

bac à sable

hojdačka

balançoire

hračky

jouets

hracia konzola

console de jeu

trojkolka

tricycle

medvedík

ours en peluche

šatník

armoire

šatstvo

vêtements

ponožky

chaussettes

pančuchy

bas

pančuchové nohavičky

collant

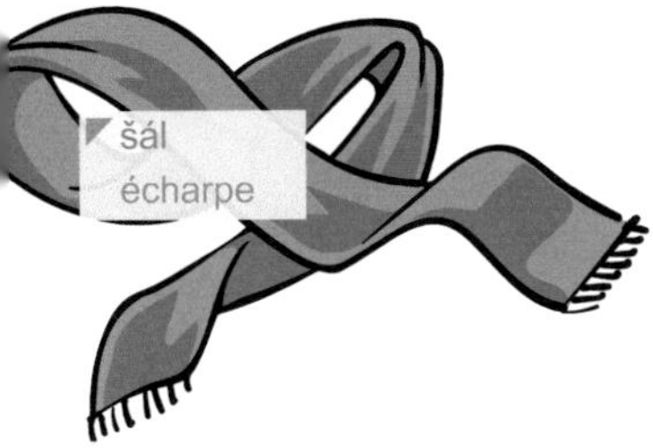

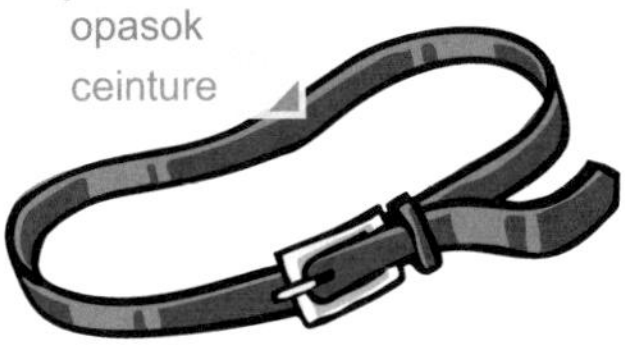

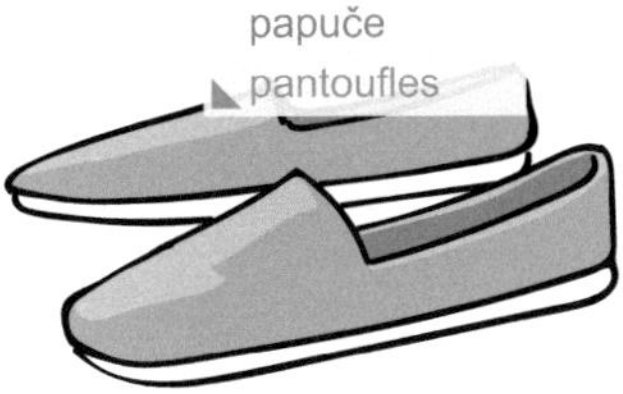

šál
écharpe

dáždnik
parapluie

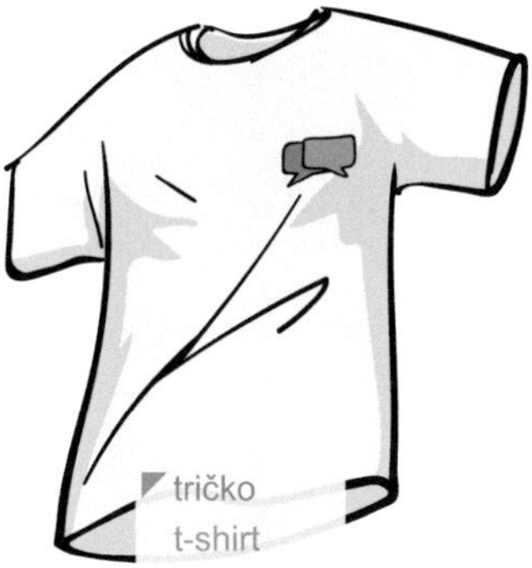

opasok
ceinture

tričko
t-shirt

čižmy
bottes

papuče
pantoufles

tenisky
baskets

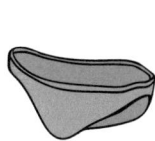

sandále
sandales

topánky
chaussures

gumáky
bottes de caoutchouc

spodky
sous-vêtements

podprsenka
soutien-gorge

tielko
maillot de corps

body
body

nohavice
pantalon

džínsy
jean

sukňa
jupe

blúzka
chemisier

košeľa
chemise

pulóver
pull

sveter
sweat à capuche

blejzer
veste

bunda
veste

kabát
manteau

pršiplášť
imperméable

kostým
costume

šaty
robe

svadobné šaty
robe de mariée

oblek

costume

nočná košeľa

chemise de nuit

pyžamo

pyjama

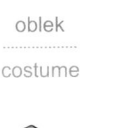

sari

sari

šatka na hlavu

foulard

turban

turban

burka

burqa

kaftan

caftan

abaja

abaya

dvojdielne plavky

maillot de bain

plavky

maillot de bain

šortky

short

teplaková súprava

tenue d'entraînement

zástera

tablier

rukavice

gants

gombík

bouton

okuliare

lunettes

náramok

bracelet

retiazka

collier

prsteň

bague

náušnica

boucle d'oreille

čiapka

bonnet

vešiak

cintre

klobúk

chapeau

kravata

cravate

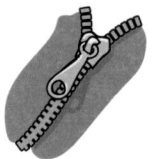

zips

fermeture éclair

prilba

casque

traky

bretelles

školská uniforma

uniforme scolaire

uniforma

uniforme

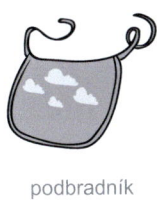

podbradník

bavoir

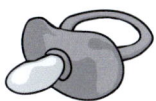

cumlík

sucette

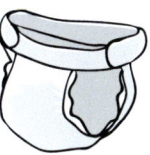

plienka

lange

kancelária

bureau

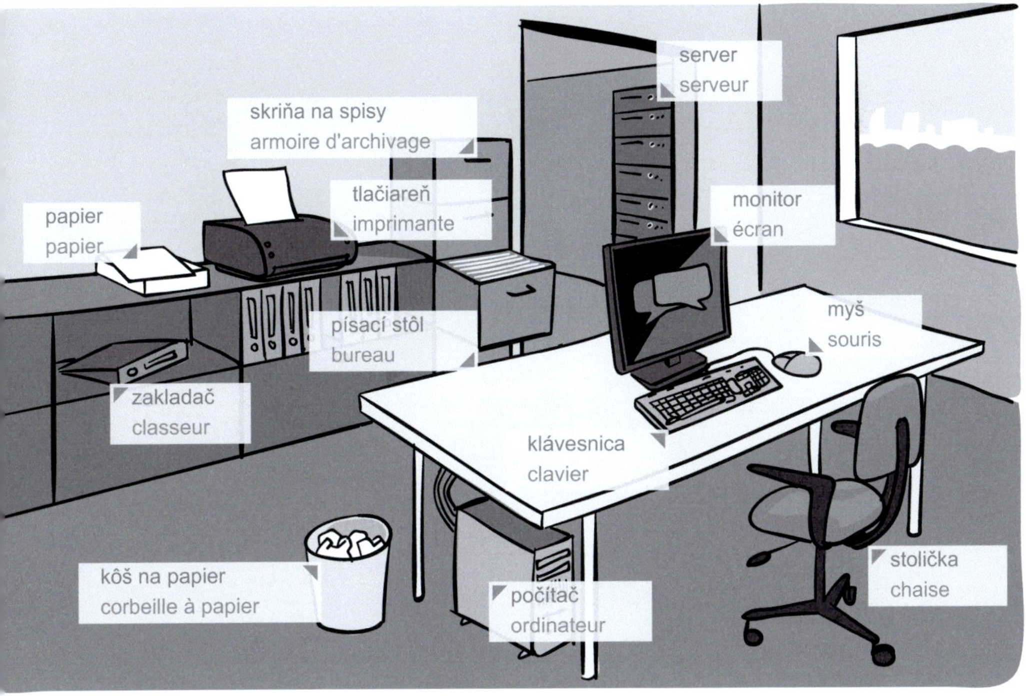
server
serveur
skriňa na spisy
armoire d'archivage
papier
papier
tlačiareň
imprimante
monitor
écran
myš
souris
písací stôl
bureau
zakladač
classeur
klávesnica
clavier
stolička
chaise
kôš na papier
corbeille à papier
počítač
ordinateur

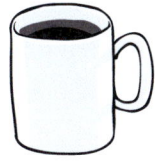

hrnček na kávu

tasse de café

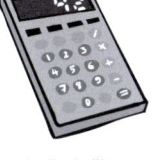

kalkulačka

calculatrice

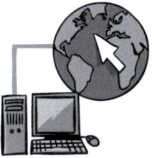

internet

internet

laptop

ordinateur portable

list

lettre

správa

message

mobil

portable

sieť

réseau

kopírka

photocopieuse

softvér

logiciel

telefón

téléphone

elektrická zásuvka

prise

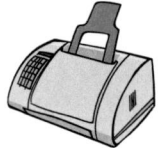

fax

fax

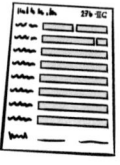

formulár

formulaire

doklad

document

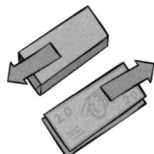

kúpiť

acheter

platiť

payer

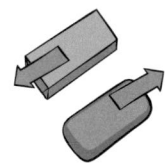

obchodovať

faire du commerce

peniaze

monnaie

 **USD**

dolár

dollar

 **EUR**

euro

euro

JPY

jen

yen

RUB

rubeľ

rouble

CHF

švajčiarsky frank

franc suisse

CNY

čínsky jüan

renminbi yuan

INR

rupia

roupie

bankomat

distributeur automatique

zmenáreň

bureau de change

zlato

or

striebro

argent

ropa

pétrole

energia

énergie

cena

prix

zmluva

contrat

daň

taxe

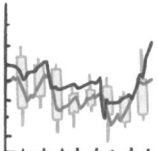

akcia

action

pracovať

travailler

zamestnanec

employé

zamestnávateľ

employeur

továreň

usine

obchod

magasin

povolania
professions

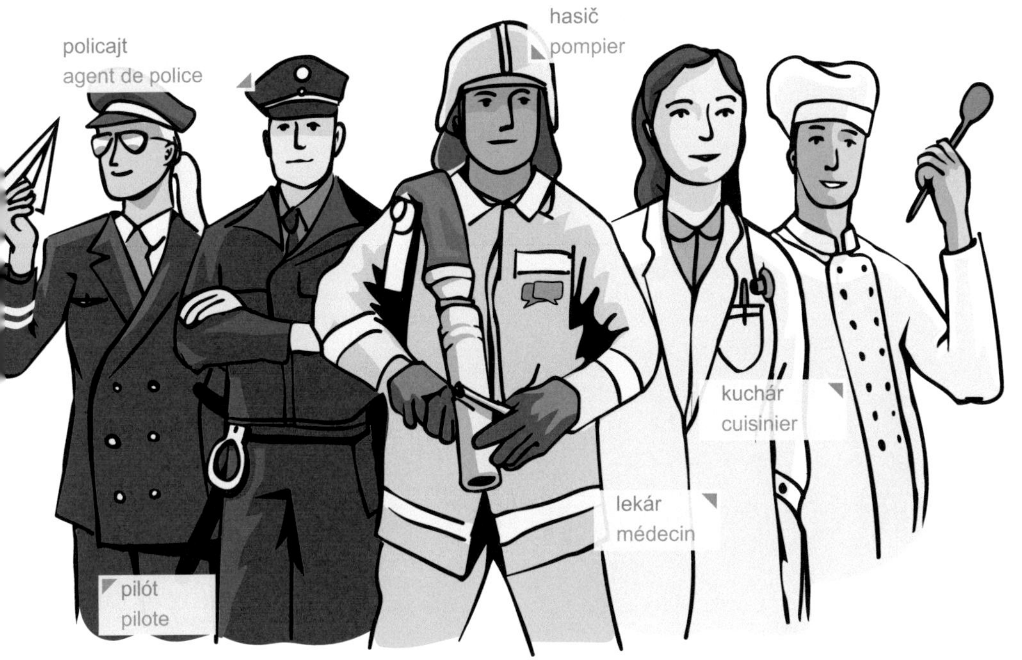
hasič
pompier
policajt
agent de police
kuchár
cuisinier
lekár
médecin
pilót
pilote

záhradník

jardinier

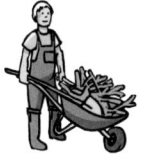

stolár

menuisier

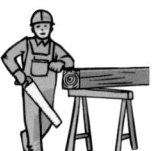

krajčírka

couturière

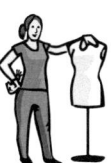

sudca

juge

chemik

chimiste

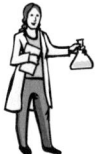

herec

acteur

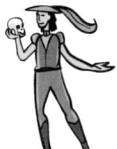

vodič autobusu

conducteur de bus

taxikár

chauffeur de taxi

rybár

pêcheur

upratovačka

femme de ménage

pokrývač

couvreur

čašník

serveur

poľovník

chasseur

maliar

peintre

pekár

boulanger

elektrikár

électricien

stavebný robotník

ouvrier

inžinier

ingénieur

mäsiar

boucher

klampiar

plombier

poštár

facteur

vojak

soldat

architekt

architecte

pokladník

caissier

kvetinár

fleuriste

kaderník

coiffeur

sprievodca

contrôleur

mechanik

mécanicien

kapitán

capitaine

zubár

dentiste

vedec

scientifique

rabín

rabbin

imám

imam

mních

moine

farár

prêtre

náradie

outils

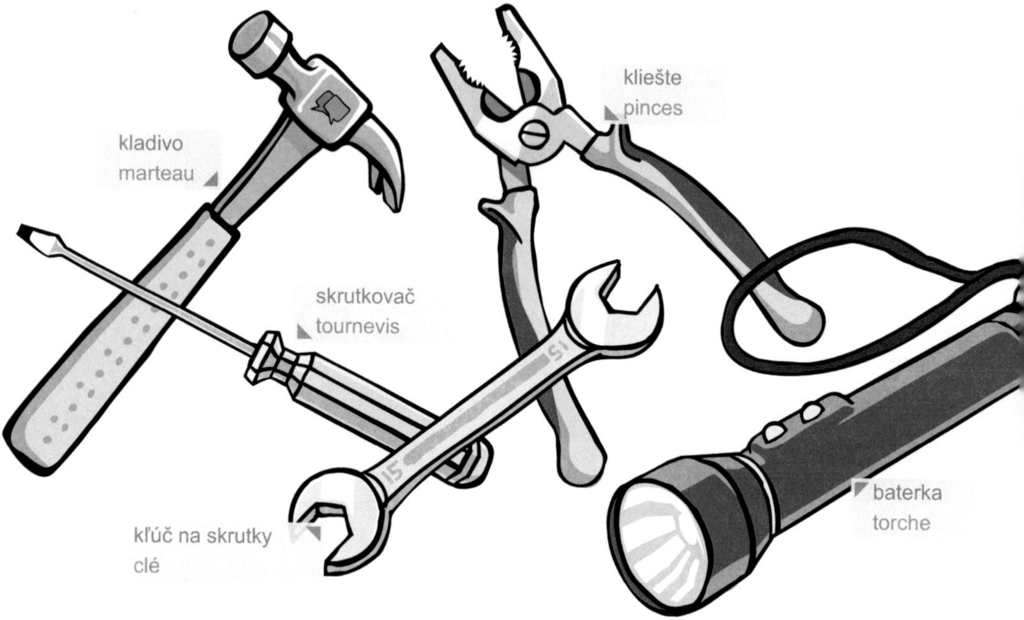

kladivo
marteau
kliešte
pinces
skrutkovač
tournevis
kľúč na skrutky
clé
baterka
torche

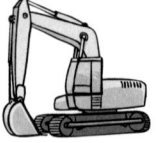

bager

pelleteuse

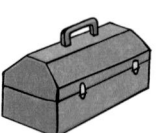

súprava náradia

boîte à outils

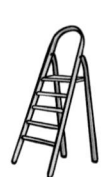

rebrík

échelle

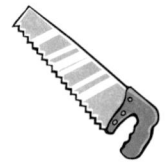

pílka

scie

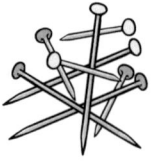

klince

clous

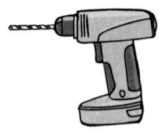

vrták

perceuse

opraviť

réparer

lopata

pelle

Do čerta!

Mince !

lopatka na smeti

pelle

nádoba s farbou

pot de peinture

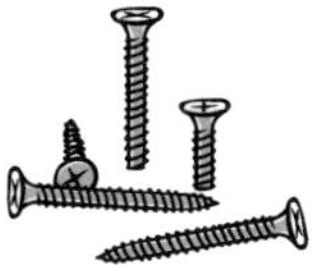

skrutky

vis

hudobné nástroje
instruments de musique

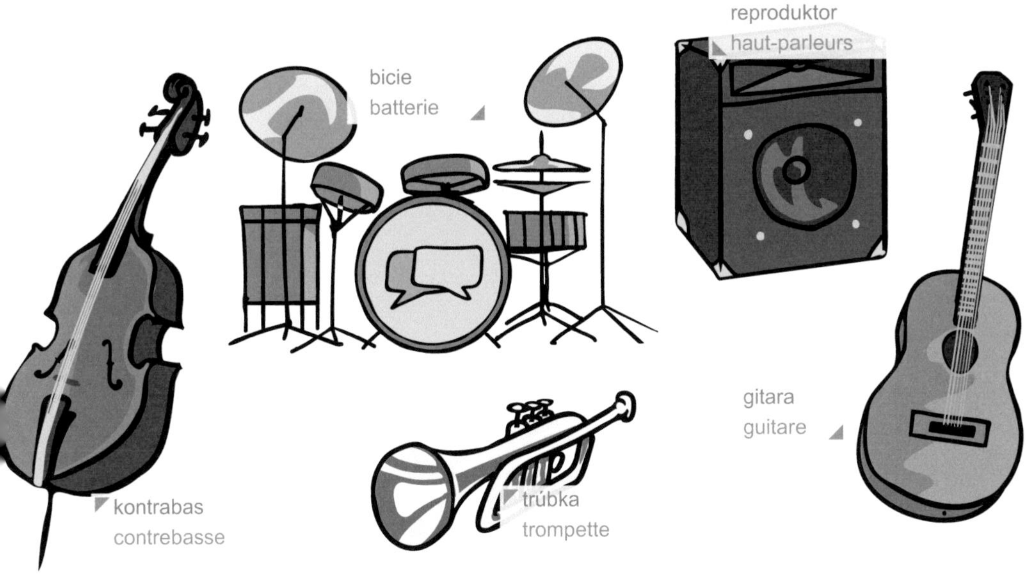

reproduktor
haut-parleurs

bicie
batterie

gitara
guitare

kontrabas
contrebasse

trúbka
trompette

klavír
piano

husle
violon

basa
basse

tympany
timbales

bubon
tambour

klávesnica
piano électrique

saxofón
saxophone

flauta
flûte

mikrofón
microphone

ZOO
ZOO

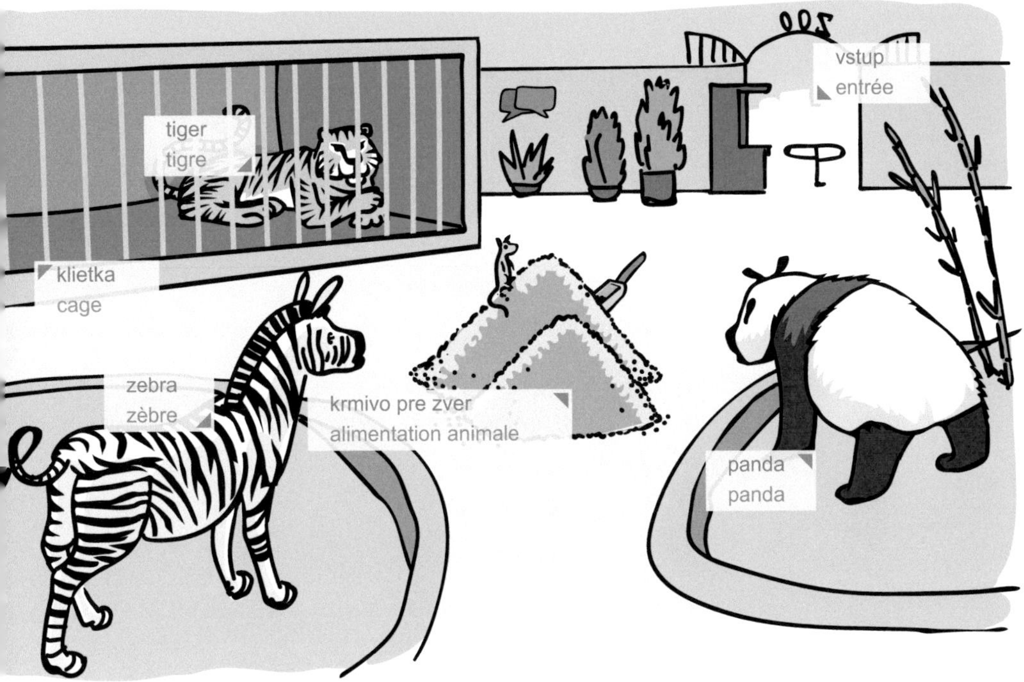
vstup
entrée
tiger
tigre
klietka
cage
zebra
zèbre
krmivo pre zver
alimentation animale
panda
panda

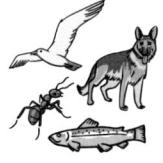

zvieratá

animaux

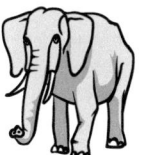

slon

éléphant

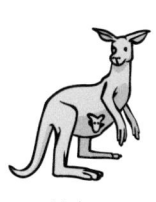

klokan

kangourou

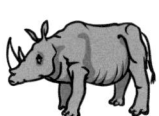

nosorožec

rhinocéros

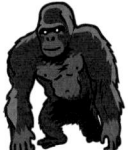

gorila

gorille

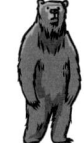

medveď

ours

ťava

chameau

pštros

autruche

lev

lion

opica

singe

plameniak

flamand rose

papagáj

perroquet

ľadový medveď

ours polaire

tučniak

pingouin

žralok

requin

páv

paon

had

serpent

krokodíl

crocodile

ošetrovateľ v ZOO

gardien de zoo

tuleň

phoque

jaguár

jaguar

poník

poney

leopard

léopard

hroch

hippopotame

žirafa

girafe

orol

aigle

diviak

sanglier

ryba

poisson

korytnačka

tortue

mrož

morse

líška

renard

gazela

gazelle

americký futbal
american Football

cyklistika
cyclisme

tenis
tennis

basketbal
basket-ball

plávanie
natation

box
boxe

hokej
hockey sur glace

futbal
football

bedminton
badminton

ľahká atletika
athlétisme

hádzaná
handball

lyžovanie
ski

pólo
polo

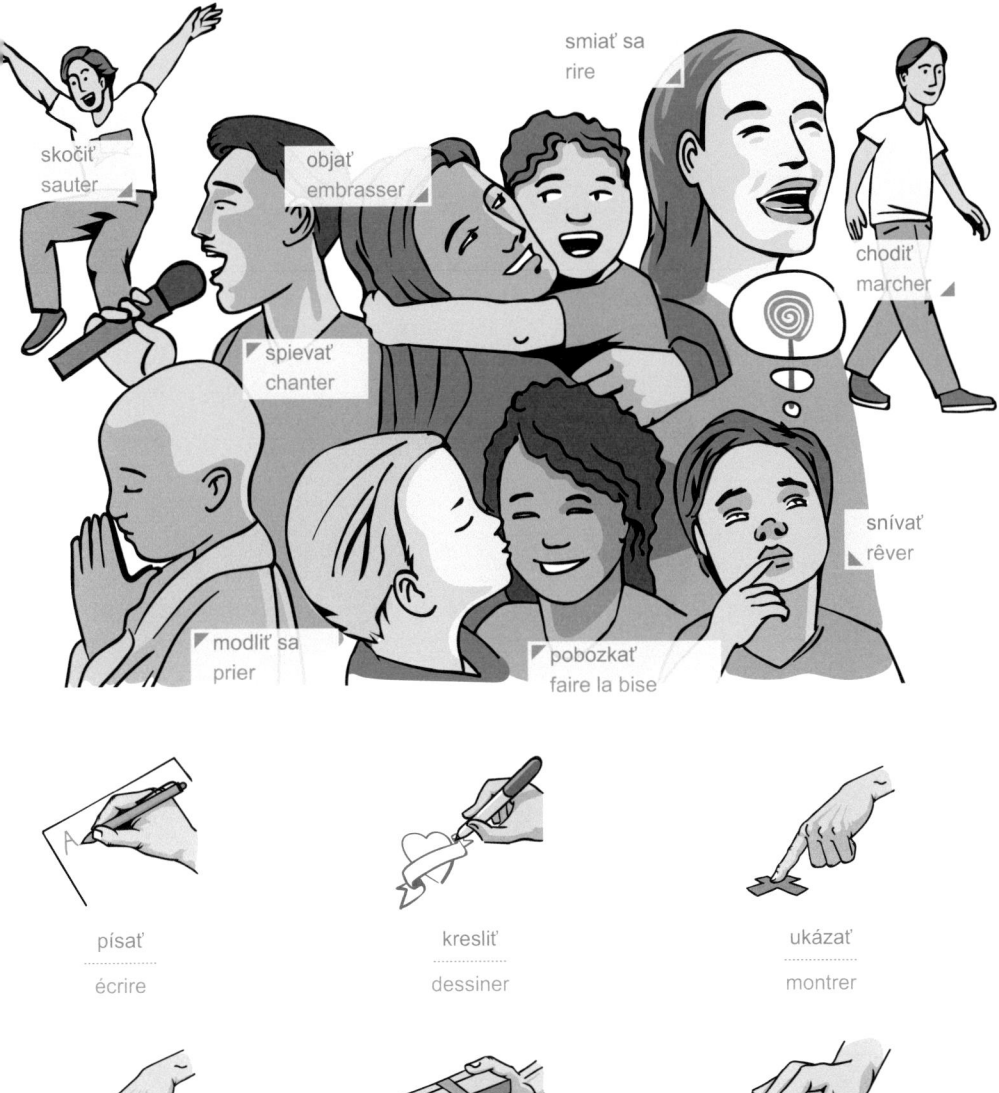

skočiť
sauter

objať
embrasser

smiať sa
rire

chodiť
marcher

spievať
chanter

modliť sa
prier

pobozkať
faire la bise

snívať
rêver

písať	kresliť	ukázať
écrire	dessiner	montrer
tlačiť	dať	brať
pousser	donner	prendre

mať

avoir

robiť

faire

byť

être

stáť

être debout

bežať

courir

ťahať

trier

hádzať

jeter

padnúť

tomber

ležať

être couché

čakať

attendre

nosiť

porter

sedieť

être assis

obliecť sa

s'habiller

spať

dormir

zobudiť sa

se réveiller

pozerať

regarder

plakať

pleurer

hladkať

caresser

česať

peigner

hovoriť

parler

rozumieť

comprendre

pýtať sa

demander

počuť

écouter

piť

boire

jesť

manger

upratať

ranger

milovať

aimer

variť

cuire

jazdiť

conduire

letieť

voler

plachtiť

faire de la voile

počítať

calculer

čítať

lire

učiť sa

apprendre

pracovať

travailler

oženiť

se marier

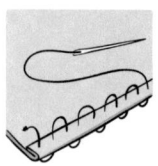

šiť

coudre

čistiť zuby

brosser les dents

zabiť

tuer

fajčiť

fumer

poslať

envoyer

rodina
famille

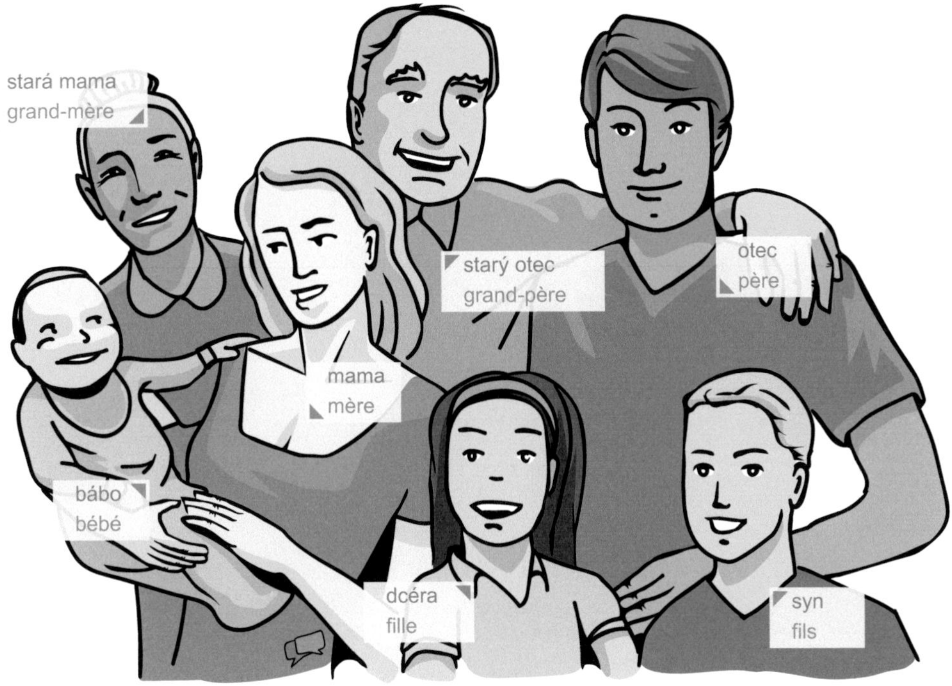

stará mama
grand-mère
starý otec
grand-père
otec
père
mama
mère
bábo
bébé
dcéra
fille
syn
fils

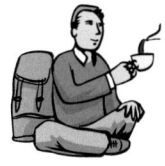

hosť

hôte

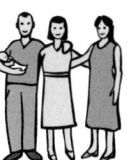

teta

tante

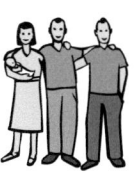

strýko

oncle

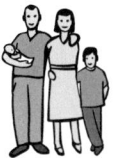

brat

frère

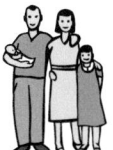

sestra

sœur

telo

corps

čelo
front
oko
œil
tvár
visage
brada
menton
prst
doigt
ruka
main
plece
épaule
hruď
poitrine
noha
jambe
rameno
bras

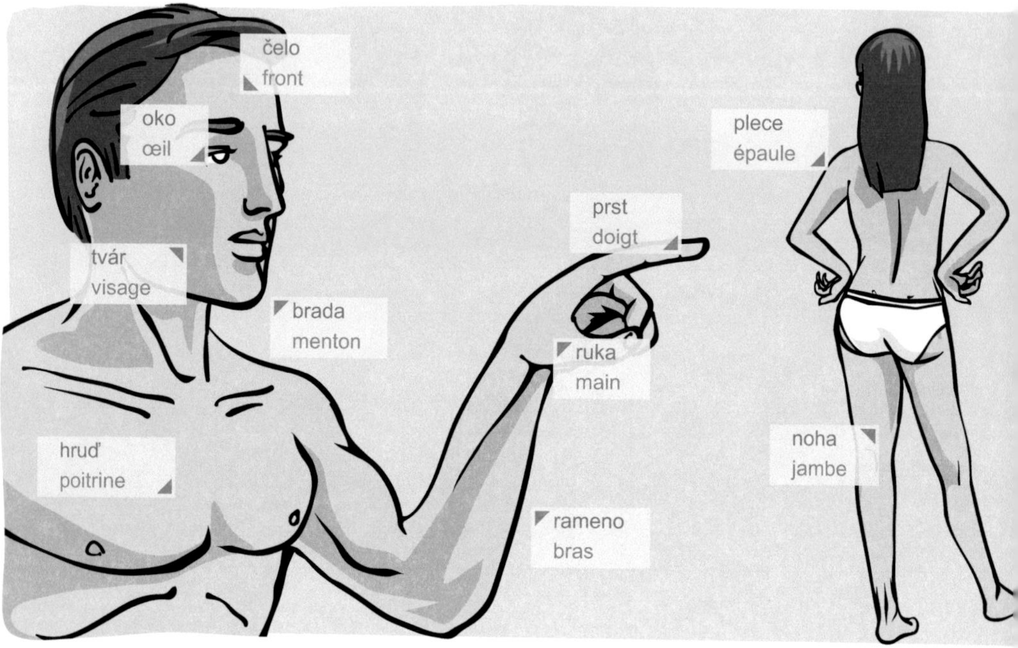

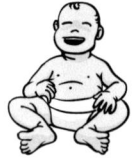

bábo

bébé

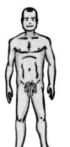

muž

homme

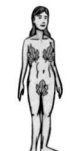

žena

femme

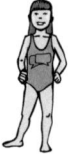

dievča

fille

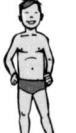

chlapec

garçon

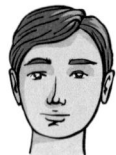

hlava

tête

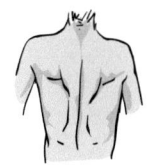

chrbát

dos

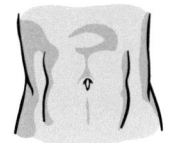

brucho

ventre

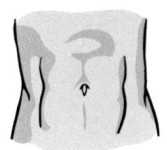

pupok

nombril

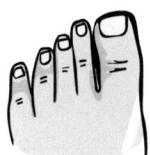

prst na nohe

orteil

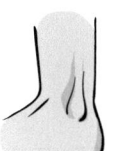

päta

talon

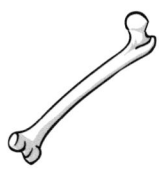

kosť

os

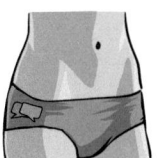

bok

hanche

koleno

genou

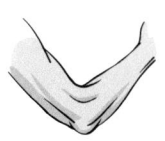

lakeť

coude

nos

nez

zadok

fesses

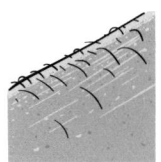

koža

peau

líce

joue

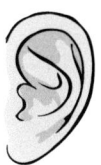

ucho

oreille

pery

lèvre

ústa

bouche

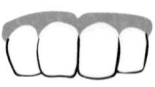

zub

dent

jazyk

langue

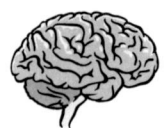

mozog

cerveau

srdce

cœur

svaly

muscle

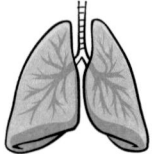

pľúca

poumons

pečeň

foie

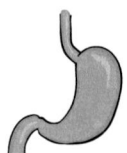

žalúdok

estomac

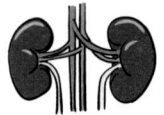

obličky

reins

pohlavný styk

rapport sexuel

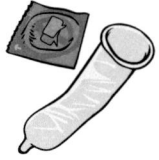

kondóm

préservatif

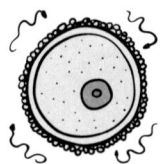

vaječná bunka

ovule

semeno

sperme

tehotenstvo

grossesse

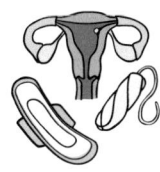

menštruácia

menstruation

vagína

vagin

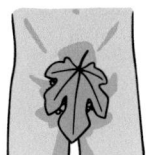

penis

pénis

obočie

sourcil

vlasy

cheveux

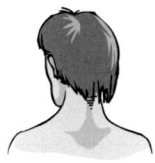

krk

cou

nemocnica
hôpital

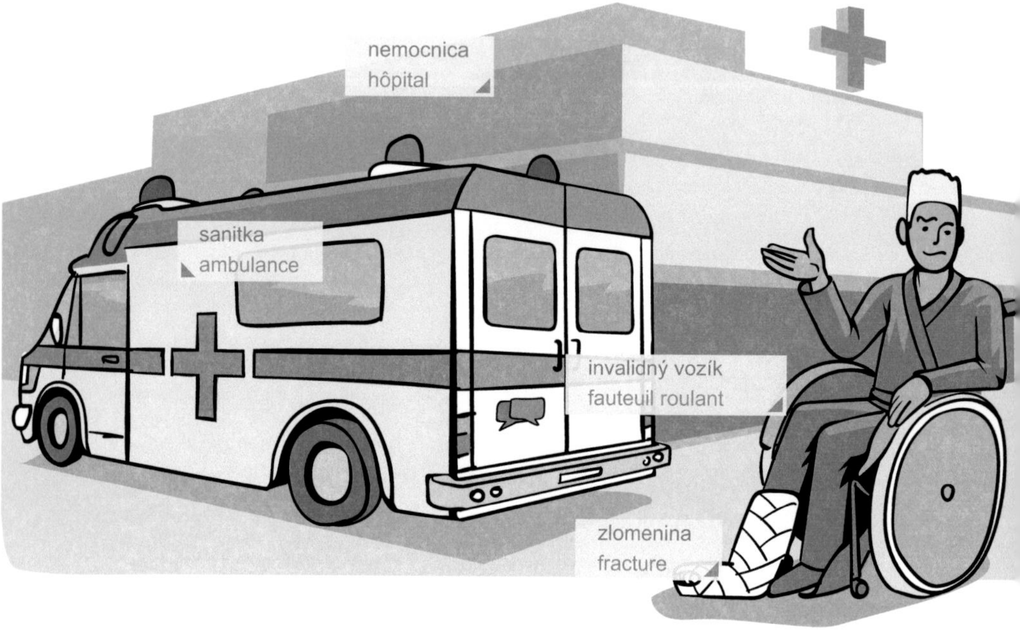

nemocnica
hôpital
sanitka
ambulance
invalidný vozík
fauteuil roulant
zlomenina
fracture

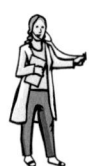

lekár

médecin

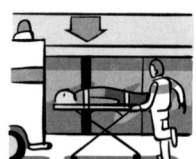

urgentný príjem

service des urgences

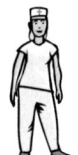

sestrička

infirmière

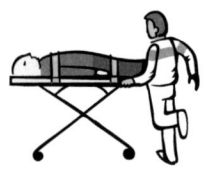

urgentný prípad

urgence

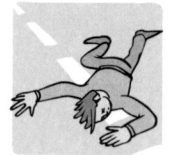

v bezvedomí

inconscient

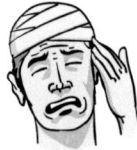

bolesť

douleur

zranenie

blessure

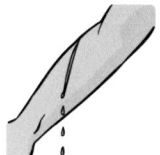

krvácanie

hémorragie

srdcový infarkt

crise cardiaque

mozgová porážka

attaque cérébrale

alergia

allergie

kašeľ

toux

teplota

fièvre

chrípka

grippe

hnačka

diarrhée

bolesť hlavy

mal de tête

rakovina

cancer

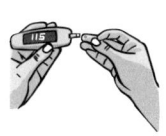

cukrovka

diabète

chirurg

chirurgien

skalpel

scalpel

operácia

opération

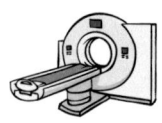

CT

CT

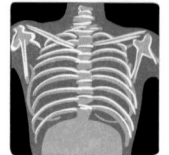

RTG

radiographie

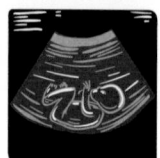

ultrazvuk

échographie

maska

masque

choroba

maladie

čakáreň

salle d'attente

barla

béquille

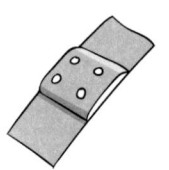

náplasť

pansement

obväz

pansement

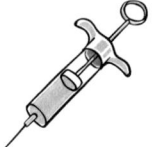

injekcia

injection

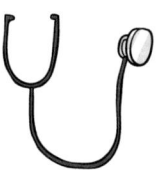

fonendoskop

stéthoscope

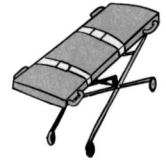

nosidlá

brancard

teplomer

thermomètre

pôrod

accouchement

nadváha

surcharge pondérale

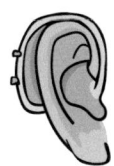

audiofón

appareil auditif

dezinfekčný prostriedok

désinfectant

infekcia

infection

vírus

virus

HIV / AIDS

VIH / sida

medicína

médicament

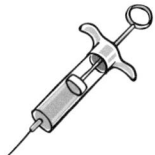

očkovanie

vaccination

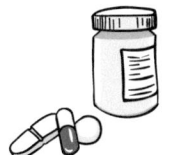

tabletky

comprimés

antikoncepčná pilulka

pilule

tiesňové volanie

appel d'urgence

tlakomer

tensiomètre

chorý / zdravý

malade / sain

Pomoc!

Au secours !

alarm

alarme

prepad

assaut

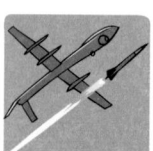

útok

attaque

nebezpečenstvo

danger

núdzový východ

sortie de secours

Horí!

Au feu!

hasičský prístroj

extincteur

nehoda

accident

kufrík prvej pomoci

trousse de premier secours

SOS

SOS

polícia

police

Európa

Europe

Severná Amerika

Amérique du Nord

Južná Amerika

Amérique du Sud

Afrika

Afrique

Ázia

Asie

Austrália

Australie

Atlantický oceán

Océan atlantique

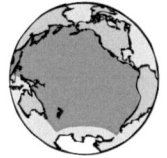

Tichý oceán

Océan pacifique

Indický oceán

Océan indien

Južný oceán

Océan antarctique

Severný ľadový oceán

Océan arctique

Severný pól

pôle nord

Južný pól

pôle sud

Antarktída

Antarctique

Zem

terre

krajina

pays

more

mer

ostrov

île

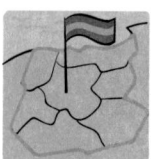

národ

nation

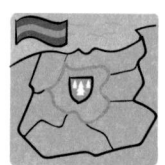

štát

état

ciferník

cadran

hodinová ručička

aiguille des heures

minútová ručička

aiguille des minutes

sekundová ručička

aiguille des secondes

Koľko je hodín?

Quelle heure est-il ?

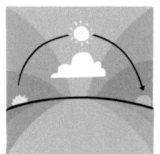

deň

jour

čas

temps

teraz

maintenant

digitálne hodiny

montre digitale

minúta

minute

hodina

heure

týždeň
semaine

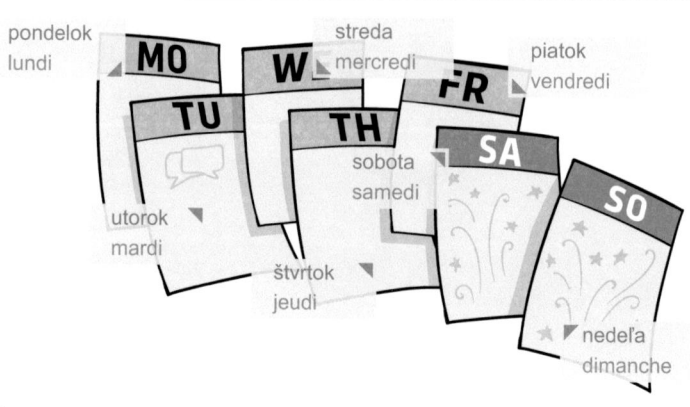

pondelok
lundi

utorok
mardi

streda
mercredi

štvrtok
jeudi

sobota
samedi

piatok
vendredi

nedeľa
dimanche

včera

hier

dnes

aujourd'hui

zajtra

demain

ráno

matin

poludnie

midi

večer

soir

MO	TU	WE	TH	FR	SA	SU
1	2	3	4	5	6	7
8	9	10	11	12	13	14
15	16	17	18	19	20	21
22	23	24	25	26	27	28
29	30	31	1	2	3	4

pracovné dni

jours ouvrables

MO	TU	WE	TH	FR	SA	SU
1	2	3	4	5	6	7
8	9	10	11	12	13	14
15	16	17	18	19	20	21
22	23	24	25	26	27	28
29	30	31	1	2	3	4

víkend

week-end

dážď
pluie

dúha
arc-en-ciel

sneh
neige

vietor
vent

jar
printemps

jeseň
automne

leto
été

zima
hiver

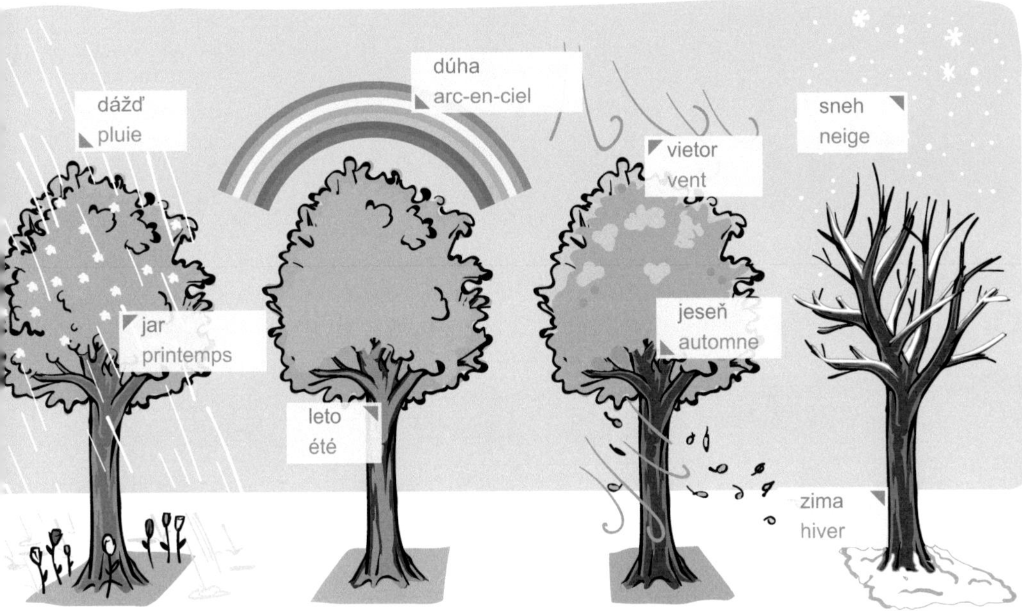

predpoveď počasia

météo

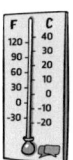

teplomer

thermomètre

slnečný svit

lumière du soleil

oblak

nuage

hmla

brouillard

vlhkosť vzduchu

humidité

blesk

foudre

hrom

tonnerre

búrka

tempête

krúpy

grêle

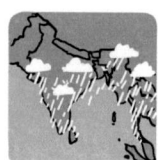

monzún

mousson

záplava

inondation

ľad

glace

január

janvier

február

février

marec

mars

apríl

avril

máj

mai

jún

juin

júl

juillet

august

août

september
septembre

október
octobre

november
novembre

december
décembre

tvary
formes

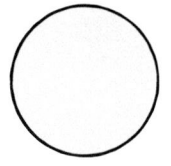

kruh
cercle

štvorec
carré

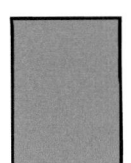

obdĺžnik
rectangle

trojuholník
triangle

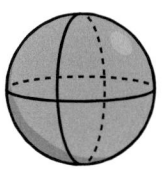

guľa
sphère

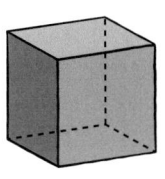

kocka
cube

biela

blanc

žltá

jaune

oranžová

orange

ružová

rose

červená

rouge

fialová

violet

modrá

bleu

zelená

vert

hnedá

marron

šedá

gris

čierna

noir

veľa / málo

beaucoup / peu

zúrivý / pokojný

fâché / calme

pekný / škaredý

joli / laid

začiatok / koniec

début / fin

veľký / malý

grand / petit

svetlý / tmavý

clair / obscure

brat / sestra

frère / soeur

čistý / špinavý

propre / sale

úplný / neúplný

complet / incomplet

deň / noc

jour / nuit

mŕtvy / živý

mort / vivant

široký / úzky

large / étroit

chutný / nechutný

comestible / incomestible

zlostný / láskavý

méchant / gentil

vzrušený / unudený

excité / ennuyé

tlstý / chudý

gros / mince

prvý / posledný

premier / dernier

priateľ / nepriateľ

ami / ennemi

plný / prázdny

plein / vide

tvrdý / mäkký

dur / souple

ťažký / ľahký

lourd / léger

hlad / smäd

faim / soif

chorý / zdravý

malade / sain

nelegálny / legálny

illégal / légal

inteligentný / hlúpy

intelligent / stupide

vľavo / vpravo

gauche / droite

blízko / ďaleko

proche / loin

nový / použitý

nouveau / usé

nič / niečo

rien / quelque chose

starý / mladý

vieux / jeune

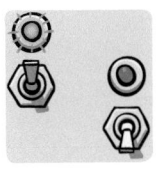

zapnuté / vypnuté

marche / arrêt

otvorené / zatvorené

ouvert / fermé

tichý / hlasný

faible / fort

bohatý / chudobný

riche / pauvre

správne / nesprávne

correct / incorrect

drsný / hladký

rugueux / lisse

smutný / šťastný

triste / heureux

krátky / dlhý

court / long

pomaly / rýchlo

lent / rapide

mokrý / suchý

mouillé / sec

teplý / studený

chaud / froid

vojna / mier

guerre / paix

0

nula
zéro

1

jeden
un / une

2

dva
deux

3

tri
trois

4

štyri
quatre

5

päť
cinq

6

šesť
six

7

sedem
sept

8

osem
huit

9

deväť
neuf

10

desať
dix

11

jedenásť
onze

12
dvanásť

douze

13
trinásť

treize

14
štrnásť

quatorze

15
pätnásť

quinze

16
šestnásť

seize

17
sedemnásť

dix-sept

18
osemnásť

dix-huit

19
devätnásť

dix-neuf

20
dvadsať

vingt

100
sto

cent

1.000
tisíc

mille

1.000.000
milión

million

angličtina

anglais

americká angličtina

anglais américain

mandarínska čínština

chinois mandarin

hindčina

hindi

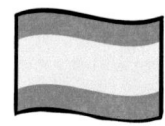

španielčina

espagnol

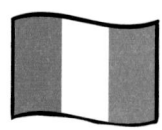

francúzština

français

arabčina

arabe

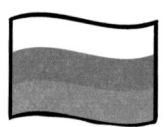

ruština

russe

portugalčina

portugais

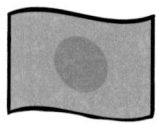

bengálčina

bengali

nemčina

allemand

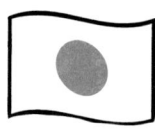

japončina

japonais

ja

je

ty

tu

on/ona/ono

il / elle / ce, c', cela

my

nous

vy

vous

oni

ils / elles

kto?

Qui ?

čo?

Quoi ?

ako?

Comment ?

kde?

Où ?

kedy?

Quand ?

meno

nom

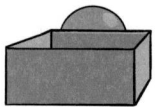

za

derrière

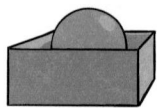

v

dans

pred

devant

nad

au-dessus

na

sur

pod

en-dessous

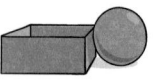

vedľa

à côté de

medzi

entre

miesto

lieu